Günther Mohr

Jesustrail

Unterwegs zwischen
Nazareth und Kapernaum

© 2017 Günther Mohr

Verlag und Druck: tredition GmbH,
Halenreie 40-44, 22359 Hamburg

ISBN
Paperback: 978-3-7439-8473-8
Hardcover: 978-3-7439-8474-5
e-Book: 978-3-7439-8475-2

Günther Mohr

Jesustrail

Unterwegs von

Nazareth nach Kapernaum

Im Juni 2017 bin ich den Pilgerweg des Jesustrails gegangen. Meine Eindrücke und Erfahrungen auf dem Weg habe ich in diesem Buch zusammengefasst.

Fragen und Anmerkungen an

info@mohr-coaching.de

Der Jesustrail führt von Nazareth nach Kapernaum durch das Gebiet des hauptsächlichen Wirkens von Jesus von Nazareth. Jesus blieb die meiste Zeit seines Lebens in dieser Gegend Galiläas und hat sich außer bei seinen eigenen Pilgerreisen nach Jerusalem anlässlich der großen Feste nicht sehr weit bewegt. Er war wohl in der Regel – so wie andere Wanderprediger – zu Fuß unterwegs. Der iranisch-amerikanische Religionswissenschaftler Reza Aslan vermutet in seinem Buch „Zelot", dass die Berichte über Jesus in den Evangelien ein Konglomerat der Berichte von verschiedenen Wanderpredigern sind. Aber wir wissen es nicht wirklich, wie es war. Wer heute den Jesustrail wandert, kann jedoch das Gefühl haben, in den Fußstapfen von jemanden zu gehen, der als einer der einflussreichsten Menschen gilt, die je gelebt haben; das gilt unabhängig von den Religionen. Er hat Regeln für den Umgang der Menschen in die Welt gebracht, die von vielen noch heute als kaum realisierbar angesehen werden, obwohl sie sie eigentlich „vom Prinzip her gut" finden. Nächstenliebe üben, Menschen in Not unterstützen, da gehen die meisten zumin-

dest theoretisch noch mit, aber die Fein-
de lieben, die andere Wange auch noch
hinhalten oder das Gepäck eines feindli-
chen Soldaten tragen, da hört der Spaß
auf. Wegen dieser interessanten Bot-
schaften eines Zimmermann-Gesellen
aus Palästina hatte ich Lust, auch einmal
auf seinen Spuren zu gehen. Die Gegend
um den See Genezareth war mir nicht
unbekannt. Aber ich hatte sie bisher eher
mit dem Bus bereist. Reisetouren nach
Israel haken normalerweise Punkt für
Punkt die christlichen Klassiker ab: Die
Verkündigungskirche in Nazareth, die
Brotvermehrungskirche in Tabgah, sowie
das Haus, in dem Jesus in Kapernaum
lebte. Man bekommt dort je nach Reise-
leitung die christliche oder jüdische Interpretation der Geschichten präsentiert.
Dieses Mal wollte und sollte ich die Gegend einmal als Pilger zu Fuß, quasi
graswurzelmäßig, erspüren. Man kommt
da vorbei, wo Jesus seine großen Taten,
ich will hier mal nicht von Wundern spre-
chen, vollbracht hat. Kanaa, für mich als
Moselaner, der in einer Weinregion groß
geworden ist, ein interessanter Ort. Hier
soll Jesus Wasser in Wein verwandelt haben. Man kommt auch an Stätten vorbei,
in denen Jesus seine Grenzen erlebte.

Nazareth, wohl sein Heimatort, in dem der Prophet im eigenen Lande nicht viel galt, dann die Stätten am See Genezareth, wo das hauptsächliche Tun stattfand und er seine Anhängerschaft aufbaute, die später für seine Gedanken mit dem Tod bezahlten. Für die Außenstehenden muss das damals in etwa so gewirkt haben, wie die Bhagwan-Bewegung um 1980 in Europa und Amerika, die allerdings irgendwie wieder aus der Öffentlichkeit verschwunden ist.

Pilgern im Heiligen Land

Pilgern ist eine sehr vielfältige Handlung. Man ist auf mehreren Ebenen in Bewegung, mit dem Körper, dem Denken, der eigenen Biographie und auch der nondualen Welt, die uns mit allem verbindet. Der Jesustrail ist dabei durchaus eine anspruchsvolle Pilgerstrecke, obwohl sie nicht sehr lang ist. Man wandert vier Tage lang jeweils 15 bis 18 Kilometer, das bedeutet zwischen vier und sieben Stunden je nach Gelände. Aber gerade in den Sommermonaten ist es durch die Hitze bis zu 35 Grad und wenige schattigen Pfaden eine besondere Herausforderung. Man kann kaum glauben, dass Jesus hier oder in der judäischen Wüste auch noch gefastet haben soll. Nicht zu Essen ist vorstellbar, der Hunger vergeht bei der Hitze, aber nicht zu Trinken, ist kaum denkbar. Obwohl: Während des Ramadan trinken die Muslime zumindest tagsüber ebenfalls nicht. Ich hörte hingegen während meiner Wanderung immer die mahnende innere Stimme: „Mindestens drei Liter Wasser trinken!" Mir reichte es, einen Liter zu transportieren, denn man kommt unterwegs an Wasserquellen vorbei.

Leute und Gegend

Man trifft beim Pilgern sehr interessante Leute. Es sind die, die einem Obdach geben und die, die den Weg teilen. Es sind Menschen, die sich mit Spiritualität beschäftigen, aber auch welche, die damit wenig zu tun haben. Ich traf Christen, Muslime und Juden. Zur körperlichen Ebene des Pilgerns gehört auch die Temperatur zu spüren und den Boden zu studieren. Es gehört auch dazu, den vielen Müll, der rechts und links des Weges liegt, besonders am Eingang und Ausgang von Dörfern, zu übersehen und zu „überriechen". Der deutsche Sauberkeitssinn wird in orientalischen Ländern auf eine echte Probe gestellt. Gott sei Dank war ich Indien-erfahren, wo man dazu auch andere Normen hat als in Deutschland, der Deutschschweiz oder Dänemark. Mir fiel die Formulierung „Resilienz lernt man nicht im Wellness-Hotel" ein, die ich in meinem Buch über Resilienzcoaching benutzt habe.

Die Wegmarkierungen des Jesustrails, die man unbedingt zur Orientierung braucht, sind einigermaßen gut, aber nicht immer ideal. Vor allem, wenn man durch eine baumfreie Gegend geht und die Zeichen auf Steinen am Boden gemalt sind. Da kann man sich schon einmal verlaufen. Dies ist nicht weiter tragisch, aber je nach eigenem Kräftezustand, macht man in dieser Hitze nicht gerne Umwege.

Wichtig ist auch die Sicherheit. Ich fühlte mich sehr sicher. Im Frühsommer 2017 gab es in Palästina/Israel keine besonderen Vorkommnisse, die man als gefährlich einstufen könnte – anders als im Jahr 2014, als ich während des Gaza-Krieges in Jerusalem war. Man ist halt auf dem Lande und wenn man nach dem Weg fragt oder Wasser braucht, sind die Menschen sehr hilfsbereit. Einmal ging ich eine Straße lange Zeit steil bergab. Man sah, dass es noch eine Weile weiter nach unten ging. Da winkte mir eine Frau aus dem Fenster mit beiden Armen. Sie wollte mir irgendetwas mitteilen. Zwei junge Männer auf der Straße reagierten sofort und erklärten, dass der Weg links abgehe. Eine Warnung, die ich dankend annahm und froh war, nur wenige Meter zurück gehen zu müssen.

Die Menschen drängen sich mit ihrer Hilfe nicht auf, denn die Leute haben in dieser doch von einer grundlegenden politischen Spannung getragenen Region andere Sorgen. Aber irgendwie haben sie Respekt vor den Pilgern, die nicht in einem klimatisierten Bus eine katholische Kirche und einen Souvenirladen anfahren, um dann nach kurzer Zeit wieder mit dem Bus zu verschwinden. Außerdem sind Deutsche in Palästina sehr willkommen. Fast jeder Zweite war schon mal in „Munchen", Stuttgart oder Berlin.

Nicht nur der Körper ist gefordert bei einer solchen Wanderung, sondern auch der Geist. Eine Pilgerreise findet sehr stark auch in der Gedanken- und Vorstellungswelt statt. Der Mensch ist ein Geschichtenerzähler. Da gibt es steile Aufstiege, in denen Du zweifelst, ob Du oben ankommst und plötzliche Weiten, wenn Du auf einem Plateau mit atemberaubender Fernsicht, etwa auf den Horns of Hattim, stehst und einen Ausblick auf den sonnenbeschienen See Genezareth bekommst. Die Verbindung zwischen körperlicher Reaktion, also Energie spüren und plötzlich verlieren, ist so direkt. Und es funktioniert natürlich über Wahrnehmung, Denken und Gefühle.

Nazareth als Startpunkt

Der Jesustrail beginnt in Nazareth, der größten arabischen Stadt im Staatsgebiet Israels. Am Abend stehen vor der großen Moschee die Männer in langen Reihen und beten. In Nazareth wird man in der Herberge „Fauzi Azar" freundlich empfangen. Ein verwinkeltes Gebäude mit orientalischem Hof, Bögen und einem Zimmer mit fünf Meter Deckenhöhe. Das Fauzi Azar wird von einer netten arabischen Frau geführt, die ihr gutes Deutsch gerne unter Beweis stellt. Ich verkneife mir die Frage, woher sie dies kann, weil sie diese sicher schon hundertmal gehört hat. Sie kümmert sich sehr nett um die Leute. Die Pilger, von denen man weiß, dass sie Einiges auf sich nehmen, werden freundlich aufgenommen.

Wenn man ein bisschen Zeit in Nazareth hat, empfiehlt sich eine Führung im Nazareth Village, in dem die Zeit, in der Jesus lebte, lebendig dargestellt wird. Dort lernte ich, dass die Kreuze der Römer gar nicht so hoch waren, wie sie auf den christlichen Bildern meist dargestellt werden. Kein Herr, der oben in drei oder fünf Meter Höhe über den Menschen ragt. Die Römer hatten tatsächlich eine andere

Idee. Man sollte dem Gekreuzigten in die Augen schauen können, wenn er im normalerweise etwa zwölf Stunden dauernden Todes-Prozess qualvoll starb. So wollte man Andere von Verbrechen, wie Widerstand gegen die Staatsgewalt, abschrecken. Hier im Nazareth Village lernt man auch, wie hart das normale Leben der Menschen war. Wie lange es dauerte, ein Kleidungsstück herzustellen: Schafe scheren, Wolle spinnen, färben und Stoff weben. Wie wertvoll ein solches wollenes Kleidungsstück dadurch war und dass man den Wohlstand eines Menschen an den verwendeten Färbungsmitteln erkennen konnte, wurde mir hier erst klar. Dankbarkeit dafür, in der heutigen bequemen Zeit leben zu dürfen, kommt in einem auf.

Am Abend vor der ersten Etappe bekommen wir noch einen kurzen Arabisch-Kurs und eine Einführung über die Wanderung, Kennzeichnung und Änderungen des Trails. Hier lernen wir Carlos kennen, einen drahtigen amerikanischen Pastor einer presbyterianischen Kirche in Virginia. Wir werden ihn auch an den folgenden Etappen der Reise treffen und inspirierende Gespräche führen.

Der Trail beginnt mit einer echten Aufgabe. Aus Nazareth kommt man heraus, indem man 460 Stufen geht. Dies ist eine anstrengende Sache. Einmal oben angekommen an der Salesianischen Schule hat man die Aussicht wieder nach unten zu gehen. Ziel ist der Ort, an dem Josef gearbeitet und dort auch Maria kennengelernt haben soll, Sephoris, heute Zippori. Die Stadt wurde zu Jesus Zeiten vom König Herodes als ein politisches Zentrum ausgebaut und brauchte viele Bauhandwerker, zu denen Josef und vermutlich auch sein angenommener Sohn Jesus zählten. Heute sind noch einige Ruinen in Zippori vorhanden.

Das nächste Zwischenziel ist Maschad. Aber das dauernde Auf und Ab lässt hier den Überblick, wo es letztlich hingeht, ein wenig verschwimmen.

Über Maschad nach Kanaa

Nach Maschad kommt man über einen ziemlichen Anstieg. Es ist sehr heiß. Ein freundlicher arabischer Mann lädt uns in seinen Hof, der verlockender Weise wie eine Gaststätte aussieht, aber keine ist, ein und bietet zu trinken an. Für die Araber sind wir Jesustrail-Wanderer sicher eine komische Spezies. Wer geht schon freiwillig bei dieser Hitze zu Fuß? Kaltes Wasser hat da etwas ganz Besonderes. Ich fülle alle meine Flaschen mit dem kalten Wasser auf und danke in Arabisch mit dem Worten „Shukran kteer".

Von Maschad nach Kanaa muss man noch mal durch ein Tal. Ein arabischer Olivenbauer inspiziert sein Feld. Endlich kann ich den in der Arabisch-Lektion gelernten Begrüßungsdialog einmal anwenden. „A salam Aleikum" sagt man und bekommt zur Antwort „A leikum a salam". Das Frieden wünschen hat hier für mich einen besonderen inneren Nachklang.

Der Abstieg nach Kanaa geht noch. Als Pilger und Wanderer weiß man aber auch, dass jeder leichtfertig vergebene Höhenmeter wieder bezahlt werden muss. Allerdings heute nicht mehr, denn

Kanaa liegt im Tal. Die Smartphone-App zeigt etwa 36 geschaffte Stockwerke am ersten Tag. Das spürt man in den Knochen.

In christlicher Herberge

Die Herberge ist hinter der „Wedding Church", die auf die biblische Hochzeit zu Kanaa anspielt. Hier hat Jesus sein erstes Wunder vollbracht und Wasser in Wein verwandelt. Die kalte Grapefruit-Limonade ist ein Wunder, das uns der Herbergsvater zur Begrüßung beschert. Er sitzt ganz relaxed auf seiner Terrasse, ein unscheinbarer Singvogel zwitschert laut in seinem Käfig. Der Hausherr berichtet, dass er aus Kanaa stamme und früher Fliesen verlegt habe. Seine Familie ist arabisch und christlich. Von den 22.000 Kanaaern sind dies rund 4000, wie er sagt. Er hat acht Kinder und 28 Enkel, sieht aber jünger aus als ich. „Wie macht er das?" Vielleicht liegt es an der Wasserpfeife, an der er vor dem Abendessen genüsslich zieht.

Die Wedding Church ist eine kleine katholische Kirche. 50 Meter davon entfernt, verkauft uns eine junge Palästinenserin sehr geschäftstüchtig Getränke. Wir probieren den Kanaa-Wein, der aber verteufelt süß schmeckt. Ich entscheide mich dann für ein deutsches Bier, das für den Abend bestimmt ist. Wasser in Wein verwandeln, hatte vielleicht profan auch damit zu tun, dass man in der Antike das Wasser mit Wein keimfreier machen wollte. Vielleicht hat Jesus einfach eine sehr gute Schorle hergestellt. Der Mann in der Wechselstube fragt „Men wen ente?" „Where are you from?". Und als er Almania hört, berichtet er, dass er schon mal bei den Bayern in München zum Fußball war.

Zurück in der Herberge setzt sich ein Mann, der aussieht wie ein Bodybuilder, zu mir an den Tisch und gibt sich als Südafrikaner zu erkennen. Er führt eine Gruppe an, die aus seiner Frau und fünf weiteren weiblichen Mitgliedern zwischen 11 und 72 Jahren besteht. Sie wandern die Strecke sogar mit ihrem gesamten Gepäck, inklusive Zelt und Schlafsack. Wir haben uns für die Luxusversion entschieden und lassen unser Gepäck separat transportieren. Der „Bodybuilder" beschreibt eine starke religiöse Orientierung.

Beim gemeinsamen Abendessen werden ihre Ansichten etwas deutlicher. In der Gruppe hat offensichtlich die Frau die psychologische Führerschaft. Sie sagt, dass sie sich ganz stark auf die heilige Schrift bezögen und zwar auf das Alte und das Neue Testament gleichermaßen. Sie feierten auch die Feste des Alten Testamentes, aber nicht so, wie die Juden es heute begingen, sondern so, wie es in den Schriften stünde. Den genauen Unterschied will ich gar nicht mehr erfahren, denn sie bewegt sich in einer großen Detailliertheit bei der sie das Wesentliche aus den Augen zu verlieren droht. Ich werde wieder hellhörig, als die Frau von der Wiederkehr des Messias spricht. Wer würde denn heute in das neue Reich aufgenommen, fragt sie. Ich wusste gar nicht, dass es da Aufnahmekriterien gibt. Diese Vorstellung war für sie sehr konkret. Muss man den richtigen Glauben haben, um dazu zu gehören. Oder sind es die Taten, die zählen?

Die Vorstellung, dass der Messias noch einmal wiederkehren könnte, hat mich als Kind fasziniert. Wie könnte so etwas aussehen? Öffnet sich der Himmel und jemand kommt herunter, oder läuft es wieder so wie bei Maria und dem Engel Gabriel? Die ersten Christen haben wohl nach Jesu Tod auch an eine alsbaldige Rückkehr geglaubt. Die Südafrikanerin spricht so, als ob es bald sein könnte. Aber schon die ersten Christen wurden in diesem Wunsch enttäuscht. Die Hoffnung oder Erwartung auf die Heilsbringerschaft einer einzelnen Person ist ja eine interessante Vorstellung, die viele Fragen aufwirft. Heute würde man sie populistisch nennen. Wie kommt der dann mit den demokratischen Institutionen zurecht? Oder gilt wieder „mein Reich ist nicht von dieser Welt" oder „das Reich ist schon da, ihr merkt es bloß nicht?" Im Grunde handelt es sich um eine unterschwellige Projektion, um die Sehnsucht nach dem guten Vater oder dem guten Herrscher.

„Messiaserwarter" haben die Hoffnung, dass sich die ganzen Ungereimtheiten und Ungerechtigkeiten des Lebens durch eine große äußere Instanz bereinigen lassen. Jesus Botschaft beinhaltete mehr Akzeptanz. Das Warten auf den Messias ist ja etwas, was einige Religionen gemein haben. Die Juden warten auf ihn, und zwar das erste Mal. Auch der Buddha war nur der vierte in einer Reihe von Heilsbringern. Auf den nächsten Lehrer, den Maitreya warten die Buddhisten nun schon seit 2600 Jahren. Maitreya wird interessanterweise nicht im Lotussitz, sondern auf einem Stuhl sitzend dargestellt, so wie man im Westen sitzt. Und vielleicht ist Maitreya ja auch anders. Padmasambahva, der große tibetische

Weise, prognostizierte im 8. Jahrhundert, dass der zukünftige Buddha nach Westen gehen werde, und zwar wenn die „großen Eisenvögel fliegen". Vielleicht steht auch die Integration der Religionen auf der mystischen Ebenen heute an, wie sie beispielsweise im Benediktushof, durch Willigis Jäger begründet, versucht wird.

Aus Kanaa herauswandern

Am Morgen geht es in der Regel der Sonne entgegen, weil man nach Osten marschiert. Die tief stehende Sonne scheint einem in die Augen und blendet ein wenig. Wir starten um sechs Uhr morgens mit der Gruppe der Südafrikaner. Zu Jesu Zeiten sind sie die größeren Strecken auch morgens gegangen. Jesus schickte nach den Berichten bis zu 72 Jünger aus, nicht nur die zwölf Apostel. Er gab ihnen, nach Markus, konkrete Instruktionen, was sie mitnehmen sollten, nämlich fast nichts. Kein zweites Hemd, keine Lebensmittel, nur Sandalen. Die Konzentration auf die zu verkündende Botschaft war alles an Proviant.

Wandert man vom Haus der so gastfreundlichen Familie in Kanaa los, geht es zunächst den Berg hinauf. Man kommt an der Moschee mit der gelben, schön bemalten Kuppel vorbei und folgt einer immer leicht ansteigenden Straße – vier Kilometer hatte der Herbergsvater gesagt – durch ein wohlhabendes arabisches Viertel. Überhaupt wirken die arabischen Städte Nazareth und Kanaa auf mich recht wohlhabend, schöne Häuser, große Autos. Die seit 1948 unter israelischer

Hoheit lebenden Araber haben offensichtlich wirtschaftlich Einiges erreicht. Ich frage mich, wie sie mit der strikten Trennung von ihren Verwandten im Westjordanland umgehen. Diese leben sicherlich unter wesentlich ärmlicheren Umständen, was zu gewaltigen Verwerfungen in den Familien führen könnte. Bis vor der ersten Intifada konnten Menschen aus dem unter der PLO-Kontrolle stehenden Westjordanland ohne große Hindernisse in Israel arbeiten. Sie reisten täglich hin und her. Nach vielen Anschlägen in Israel ist dies nicht mehr erlaubt, was sicherlich die wirtschaftliche Situation der Palästinenser verschlechtert hat. Der Unterschied ist eklatant. Hier, wo wir wandern, wohnen die Palästinenser im Staat Israel mit einer demokratischen politischen Vertretung in der Knesset und mit Arbeitsmöglichkeiten. In den drei Besatzungszonen im Westjordanland leben Palästinenser unter der „Palestinian Authority" der PLO, die von der EU und den USA sehr stark unterstützt werden, oder im Gaza-Streifen unter der Führung der radikalen Hamas, die gerade einen etwas moderateren Kurs einschlägt. Diese ungeheure Komplexität bekommen jedoch viele Touristen in Israel nicht mit. Gerade viele

„Biblisch Reisende" scheinen ganz auf die Wirkstätten Jesu konzentriert und blenden die heutigen vielfältigen Themen in diesem Land aus.

Der einflussreichste Mensch

Mir persönlich gelingt es heute nicht mehr, im Gegensatz zu meinen Kindheitstagen, an den personifizierten Gott zu glauben, der seinen Sohn zu den Menschen schickt, um ihnen etwas beizubringen. Genauso war es mir in der gut-katholischen Gegend an der Mosel beigebracht worden. So verlockend der Gedanke an eine allmächtige, mit uns gütig umgehende Instanz ist, es fällt mir schwer daran zu glauben. Ich halte es für eine Projektion der Menschen auf Gott, genau im Gegensatz zu dem Satz, „Gott schuf den Menschen nach seinem Bilde".

Aber dass Jesus der Mensch war, der die Menschheit in einer Form beeinflusst hat, wie kaum ein anderer, das akzeptiere ich sofort. Er war vielleicht der einflussreichste Mensch, der bisher gelebt hat. Menschen zeichnen sich nach dem israelischen Historiker Yuval Harari und seinen Bestsellern „Homo Sapiens" und „Homo Deus" dadurch besonders aus, dass sie an eine große Geschichte glauben (wollen). Nach seiner Auffassung ist der Humanismus momentan die große Geschichte, an der alles gemessen wird. Dessen Normen für zwischenmenschliche

Umgangsformen sind jedoch stark von Jesus propagiert und beeinflusst. Dies räumen sogar ausgewiesene Atheisten wie Jürgen Habermas ein.

Vielleicht gebührt aber auch Anderen großer Verdienst am „Erfolg" des Christentums. Etwa dem „Marketingexperten" Paulus, der durchsetzen konnte, dass Menschen, die Christen werden wollten, nicht zuerst zu Juden werden und die jüdischen Regeln praktizieren mussten. Oder der erste Verfasser der Evangelien, Markus, der sich um das Jahr 70 herum, also rund vierzig Jahre nach Jesus Tod, in Rom hinsetzte und das aufschrieb, was er von Jesu Geschichte gehört hatte.

Oder auch Helena aus Trier, die Mutter des römischen Kaisers Konstantin, die um das Jahr 320 als 70-jährige Pilgerin das Heilige Land besuchte und die Orte der heiligen Stätten wie Golgatha und Jesu Grab in Jerusalem festlegte, gebührt Ehre. Denn manchmal, wie in Jerusalem, sind dank ihrer Entscheidung diese Stätten alle in praktischer Nähe, teilweise unter einem Kirchendach gemeinsam für Besucher „abzuhaken".

Aber die Inhalte, die Jesus vertreten haben soll, sind auch heute noch bemerkenswert. Er hat das Menschsein aus dem noch sehr in der animalischen Logik der Selbsterhaltung befindlichen Stadium herauskatapultiert. Die Unterstützung für andere über die eigene Sippe hinaus, war damals eine soziale Innovation, die ungeheuren Respekt verlangen. Dem Samariter zu helfen, obwohl er nicht vom eigenen Stamm ist, ist eine großartige Message. Eine solche Haltung ist auch heute noch nicht selbstverständlich. Wenn ein Mensch auf der Straße liegt, schaut man zuerst „ist es einer von uns, von unserer Sippe?" Wenn nicht, geht man weiter.

Oder in Deutschland sagt man vielleicht: „Der kann doch arbeiten gehen" und geht dran vorbei. Genauso verrückt erscheint in der heutigen rein nutzen-orientierten kapitalistischen Welt eine andere Forderung Jesus, die einem in der Anstrengung des Trails in den Sinn kommt. Laut Matthäus 5:41 sagte er „Wenn dich jemand nötigt eine Meile zu gehen, gehe mit ihm zwei." Dies bezog sich auf das Recht der römischen Soldaten, ihr schweres Gepäck in der Hitze Palästinas für eine Meile von jemand anderen tragen zu lassen. Jesus forderte von seinen Mitmenschen, diese Strecke mal eben freiwillig zu verdoppeln. Das erscheint heute vielen normal denkenden Menschen unvernünftig. Interessanterweise hat der in der modernen Führungskultur verbreitete Wunsch, die Mitarbeiter sollen „eine Meile extra gehen", genau diesen Ursprung.

Tou'ran und Saladin

Zweimal war ich schon über die Autobahn 67 an den See Genezareth gefahren und hatte dabei von weitem eine Stadt bewundert, deren Name ich nicht kannte und die so schön am Berg lag, auch weil ihre beide Moscheen von weitem leuchteten. Die eine mit zwei Minaretten hat ein goldenes Dach, die andere ist mit grünen Dach versehen. Jetzt konnte ich sie während des Weges links in einiger Entfernung über längere Zeit bestaunen.

Später erfuhr ich, dass Saladin in der legendären Schlacht im 12. Jahrhundert, über deren blutgetränkten Boden wir noch gehen sollten, hier sein Hauptquartier hatte. Tou'ran strahlte auch ohne, dass ich das wusste, etwas Bedeutendes aus.

Das die eigene Familie von Jesus dachte, er sei „von Sinnen", wie Lukas in seinem Bericht beschreibt, oder auch, dass sie ihn mit Gewalt aus dem Kreise seiner Anhänger abholen wollten, wird sehr nachvollziehbar, wenn man seinen unkomplizierten Umgang mit allen in der damaligen Gesellschaft, auch denen, die außen standen, wahrnimmt. Welch abstruse Thesen der uneigennützigen Unterstützung von Anderen er aufstellte würden heute noch viele als „abnorm" ansehen. Warum soll ich etwas für den Anderen tun, wenn ich davon nichts habe? Gerade heute, gilt oft „Wenn jeder an sich selber denkt, ist doch an jeden gedacht".

Die Diskussionen mit den Südafrikanern und auch mit Carlos, dem presbyterianischen Pastor aus Virginia, waren sehr interessant. Sie kommunizieren im Gebet mit einer konkreten Person Jesus. Und sie erwarten, dass er sich ihnen gerade auf dem Jesustrail in irgendeiner Weise persönlich zeigt. Viele glauben auch an die Kraft von Orten und Plätzen an sich. Ich habe nichts gegen die Personifizierung und damit Bebilderung des Göttlichen, die in Religionen wie dem Christentum von vielen Menschen innerlich dauernd praktiziert wird.

In einer für mich sehr entscheidenden und herausfordernden Zeit habe ich mir als psychologische Unterstützung eine Himmelsprojektgruppe konstruiert, in der Gott einen Platz hatte. Es war genau der Gott, wie ich ihn als Kind hatte vermittelt bekommen. Aber auch mein Vater und ein plötzlich verstorbener gleichaltriger

Freund kamen darin vor. Manchmal durf-
te auch meine Mutter an den Projektsit-
zungen teilnehmen, sie war aber eher
nur assoziiertes Mitglied. Insofern ist die
Konstruktion eines solch vorgestellten,
sogar personifizierten Unterstützungs-
teams nichts Außergewöhnliches. Allerdings ist das Personifizierte und Bildliche
absolut zu relativieren.

Buddhismus und Taoismus haben die
Personifizierung zugunsten der Fokussie-
rung auf bestimmte Prinzipien in den Hin-
tergrund gestellt, obwohl die Menschen
auch die Buddhas, Bodhisattvas (Erleuch-
tete) oder Laotse und Kungfutse als innere Gesprächspartner aufbauen. Der Hin-
duismus steht etwas dazwischen und
lässt Platz für sehr unterschiedliche Pro-
jektionsmöglichkeiten. Die Menschen sind
erfinderisch, weil sie innerlich etwas
brauchen.

Viktor Frankl, der jüdische Überleben-
de des KZ Buchenwald und Psychothera-
peut, spricht von einem dem Mensch in-
newohnenden Bedürfnis nach Spiritualität. Auf dem Weg begegne ich meiner eigenen Spiritualität, meinem Glauben und
den Bildern, die damit zusammenhängen,
und zwar interessanterweise in Varianten

aus verschiedenen eigenen Lebensaltern. Mittlerweile habe ich durch jahrelange ZEN-Übung eher nicht-personifizierte Spiritualität kennengelernt, die aus einem inneren Erleben entsteht.

Auf der Strecke nach Lavi geht der Jesustrail auch über ein Stück echte alte Römerstraße, die über Tiberias nach Damaskus führte. Diese Wege waren von den Römern fast wie moderne Straßen in verschiedenen Schichten und mit Befestigung als militärische Transportmöglichkeiten angelegt worden. Die Straße selber war mit größeren Steinen – aus unserer heutigen Sicht durchaus unrhythmisch – gepflastert, aber so versanken Wagenräder nicht im möglichen Schlamm. Die Straße selber war nicht unbedingt so bequem begehbar wie ein weicher Boden, aber wurde von den Menschen in der Antike gerne benutzt, weil sie teilweise sogar eine Art Trottoir für Fußgänger an der Seite hatten. So nimmt man auch an, dass Paulus sein Bekehrungserlebnis auf dem Weg zum nahen Damaskus auf dieser Straße hatte. Unterschiedliche Darstellungen erwähnen hier verschiedene Aspekte. So war er gerade vorher an der Ermordung des ersten christlichen Märtyrers (Stephanus) mehr oder weniger aktiv beteiligt gewesen. Er habe dies gut gefunden, wird von ihm berichtet. Allerdings ging es ihm dann, als er mit ähnlichem Auftrag – der Säuberung der Synagogen von Christen – nach Damaskus unterwegs war, innerlich plötzlich anders. Teils wird von einem inneren Dialog mit Jesus berichtet („Warum verfolgst Du mich?"), teils von einer Lichtblendung, die er in dem Moment erfuhr. Jedenfalls wurde er vom Verfolger zum glühenden Förderer der Christen, vom Saulus zum Paulus. Dieses Erweckungserlebnis auf der römischen Straße brachte dem christlichen Glauben einen hochintelligenten und hochengagierten Manager, der viel für die Verbreitung des neuen Glaubens tat.

Ein konservatives Kibbuz

Bald kommt das Kibbuz Lavi – ausge-
rechnet zum Abschluss der langen Etappe
nochmal auf einem Berg – in Sichtweite.
Die Kibbuz-Bewegung ist eher säkular
strukturiert, die Ideen von gemeinsamem
Eigentum und gemeinsamen Entschei-
dungen sind sozialistisch zu nennen.

Insofern ist das jüdisch-religiöse Kibbuz Lavi eine Ausnahme. Hier leben kon-
servative, sehr gläubige Juden und in
dem angeschlossenen Hotel können auch
Ultra-Orthodoxe Urlaub machen. Die Liste
der Regeln zu Speisenzubereitung, die
eingehalten und von verschiedenen Rab-
binern überwacht werden, umfasst mehr
als zehn Punkte. Aber das Publikum hier
im Hotel ist sehr gemischt. Neben den
Orthodoxen, zu erkennen am schwarzen
Anzug und den Frauen mit Perücke, die
das Haar verdeckt, sowie mit Kleidung,
die Arme und Beine bedecken, gibt es
Nationalreligiöse mit der Kippa auf dem
Kopf, aber auch sehr freizügig gekleidete
junge Frauen und Männer. Es gibt ein
Schwimmbad mit Öffnungszeiten jeweils
für Frauen und Männer getrennt und
auch ein paar Stunden für beide Ge-
schlechter zusammen. Den jungen Bar-

mann mit „Kibbuz Lavi"-T-Shirt und Kippa frage ich, ob er hier wohnt. Er reagiert verwundert: „Nein, das passe für ihn nicht". Ich sagte „zu streng?" Er bejahte, er wohne in Tiberias, da habe er seine Freiheit. Interessant, er kommt hierhin und zieht dafür das T-Shirt und die Kippa an. So geht's auch. Es ist nicht immer so, wie es scheint.

Das Kibbuz lebt von Rinderzucht, hat Pferde und Felder. Haupteinnahmequelle ist allerdings eine Möbelfabrik. Hier wird Inventar für Synagogen hergestellt. Im sehr großen Speiseraum erwartet uns um 19 Uhr das Dinner mit dem in größeren Einrichtungen üblichen üppigen israelischen Buffet. Eine Vielzahl feiner Salate über Huhn-, Rind- und Fischgerichte bis hin zu den leckeren, überhaupt nicht kalorienarmen jüdischen Nachtischen. Wenn man körperliche Anstrengungen hinter sich hat, gönnt man sich gerne mal etwas. So ließ ich mir nach gesundem Salat einen schönen frischen Hamburger braten und musste auch verschiedene der schönen Nachtische interessehalber testen.

Die Horns of Hattim

An den Kuhställen des Kibbuz vorbei findet man sich bald wieder auf dem Trail. Die Getreidefelder sind jetzt, Anfang Juni bereits geerntet. Nächstes Zwischenziel sind die Horns of Hattim, wo die Schlacht zwischen Saladin, dem muslimischen Führer kurdischer Herkunft, und den Kreuzfahrern am 4. Juli 1187 stattfand. Die Horns sind zwei Bergspitzen, die man von weitem gut sieht.

Die Erde ist hier – pathetisch ausgedrückt – noch mehr mit Blut getränkt als in anderen Teilen des schmalen Gebietes zwischen Jordan und Mittelmeer, durch das so viele Völker und mit Sicherheit auch unsere Vorfahren vor Tausenden von Jahren gezogen sind. Diese Gegend zu beherrschen hatte also einige Vorteile. 4000 Kreuzfahrer waren aus Europa gekommen und wollten das Heilige Land dem Christentum erhalten. Saladin hatte 12.000 Mann, die mit Witterung und Umfeld höchstwahrscheinlich besser auskamen. Die Kreuzfahrer wurden an den Horns niedergemacht und in den nächsten Monaten fielen alle Bastionen der Kreuzfahrer, auch die an der Küste wie Akko. Die Kreuzfahrer hatten viele der westlichen Techniken mitgebracht, aber auch ein strenges Regime geführt. Später versuchten sich noch Richard Löwenherz und Friedrich Barbarossa als Gegner Saladins, der zwar als ruhmsüchtig galt, aber genauso freigiebig und anderen Religionen gegenüber auch tolerant gewesen sein soll.

Heiligtum der Drusen

Ganz früh am Morgen ist hier noch nichts los. Nur ein paar drusische Männer polieren das Heiligtum auf Hochglanz. Hier soll der Heilige Shu'ayb begraben sein. Er wird mit dem biblischen Prophe-ten Jethro identifiziert und soll der Schwiegervater von Moses gewesen sein (Exodus 3:1). Moses musste nach seinem Mord an einem Ägypter, der Sklaven schlug, aus Ägypten in die Wüste fliehen und lernte dort bei einem nomadischen Viehzüchter seine spätere Frau, eine der Töchter von Jethro, kennen.

Ein grüner Dreieckssarg mit arabischen Schriftzeichen, umsäumt von einigen in schwarzem Holz gearbeiteten Barrieren ist das Zentrum des Heiligtums. Sonst enthält der große Raum nichts, so ist eine große Klarheit und Konzentration auf das Zentrum möglich. Ganz früh morgens ist allerdings niemand hier, außer den drusischen Männern in Pumphosen, die uns das Heiligtum zeigen. Schuhe ausziehen und Kopf, Schultern und Beine bedecken, reicht. Der blitzblanke Marmorboden ist morgens noch angenehm kühl. Das Wasser erfrischend kühl.

Die Hosen der Männer bieten viel Platz und Luft unter dem Genitalbereich. Als Grund dafür wird der Glaube genannt, dass der Messias von einem Mann geboren werde. Damit das Kind bei dieser unvorhersehbaren Geburt nicht in der Hose ersticke, sind die Hosen weit und mit viel Platz genäht.

Das ganze Gelände des Heiligtums inklusive der Anfahrt ist sehr groß, aufwendig und teuer angelegt. Blumenrabatten, die hier alle bewässert werden müssen, säumen den Eingang. Es gibt aber auch viele Parkplätze und Sitzgelegenheiten. Offensichtlich kommen hier häufig sehr viele Menschen zusammen. Vermutlich soll der pompöse Auftritt die Drusen bei Laune halten, denn sie dienen in der israelischen Armee und adaptieren sich vorbildlich in den Staat Israel.

In der sunnitischen Erzählung soll Saladin, der in der Nähe an den Horns die Schlacht schlug, hier angehalten haben und das Grab gefunden haben, wie ihm ein Engel im Traum voraussagte. Unterhalb des Schreins liegt das zerfallene Dorf Hittim, eines der eroberten Dörfer aus dem 1948er Krieg, in dem die Araber vertrieben wurden und in Flüchtlingslager kamen („Ich habe noch den Schlüssel von meinem Haus"). Ein solches Flüchtlingslager ist beispielsweise Shuafat in Ostjerusalem, das damals zu Jordanien gehörte. Die Menschen sind mittlerweile deklarierte Flüchtlinge in vierter Generation.

Es gibt wohl kaum eine Gegend in der Welt, wo so viele Generationen von Menschen hindurch gezogen sind. Schon fast alle unsere Vorfahren kamen durch dieses Nadelöhr zwischen Jordan und Mittelmeer.

Wie viele Kriege haben hier stattgefunden? Und aus dieser Gegend soll einer stammen, der den Frieden gepredigt hat? Dabei fallen einem schon die durchaus nicht so rein friedlichen Aspekte, ein, die Jesus auch zugeschrieben werden: die Tempelsäuberung, das „Verkauft Eure Mäntel für Schwerter" und „Ich bringe Euch das Feuer". Manche sehen diese Aspekte eher nachträglich in die Berichte über ihn hineingeschmuggelt. Zudem kann man sie sehr unterschiedlich kontextbezogen deuten. Es bleibt dennoch sehr offen: Wer war dieser Mann?

Mit diesen Gedanken kann man bei Hittim mit dem Trail eine sehr lange Strecke durch ein sehr heißes Tal gehen, aber es gibt auch eine direkte Strecke über geteerte Straße. In der milden Morgensonne geht das einigermaßen. So wählte ich diese.

Die Angst des Menschen

Ich sage zu Carlos, der sich als Theologe so sehr an die Bibel als geschriebenes Wort Gottes hält, dass ich den Menschen als Psychologe vor allem auch als ein Angstwesen sehe. Vieles im Leben geschieht und wird erfunden, damit der Mensch die fundamentale Angst um sein Leben nicht spürt. Zu dieser Angst gehört natürlich die Angst vor Sinnlosigkeit des Lebens und damit vor Bedeutungslosigkeit der eigenen Existenz. Die einzige Gewissheit des Lebens ist der irgendwann eintretende Tod, das Ende der Existenz. Und Wissen über ein „Danach" gibt es nicht. Religionen haben diese Lücke gefüllt, was von Himmel und Hölle, über Paradies mit 70 Jungfrauen bis hin zur Reinkarnation reicht.

Nun kann man andererseits feststellen, dass jenseits von Religionen Menschen mit ihrem Leben ganz zufrieden sind, wenn sich bestimmte Erwartungen erfüllt haben, einige grundlegende Dinge wie Partnerschaft und Kindererziehung einigermaßen geklappt haben, große Schicksalsschläge gar nicht oder nur wenig auftraten und das Leben eine gewisse Länge hatte. Dann sind andere bereit, einen

Menschen abtreten zu lassen und er selbst ist es auch. Ein schweres Leiden durch eine Krankheit im Alter fördert noch diese Bereitschaft. Der Tod wird dann sogar oft als „Erlösung" bezeichnet.

Dennoch löst das nicht die Frage des „Danach". Aber da der Mensch bedürftig nach Einordnung und ein „Geschichten-Glauber" ist, sucht er nach überzeugenden Erzählungen. Hier treten die Religionen mit Angeboten an. Da ihre Gründer mit dem direkten Draht zu Gott gesehen werden, gibt man ihnen die Autorität, hier ein Gemälde des „Danach" zu erstellen. Jesus selbst hat da gar nicht so ausgiebig von berichtet. Außer der Prognose eines Wiedersehens irgendwann und „zur Rechten des Vaters sitzen" war da nicht so viel. Er war mehr im Hier und Jetzt. Ihm schien auch das tägliche Tun wichtiger als die große Theorie. Seine Schüler waren wohl mehrheitlich Analphabeten. Leben im Tun, in der Nächstenliebe, schien sein Credo zu sein. Hans Jellouschek, der bekannte Paartherapeut und Theologe, nannte ihn einmal „einfach einen feiner Kerl". Seinen Spuren jetzt zu folgen und so viel Gastfreundschaft zu erfahren, ist auf dem Jesustrail sehr schön.

Im Bergdorf Arbel

In dem Bergdörfchen Arbel, nur wenige Kilometer vom See Genezareth entfernt, kommen wir sehr früh an. In einer
Art Ferienhaussiedlung treffen wir auf einen coolen Typen etwa in meinem Alter,
der in einer völlig unaufgeräumten Werk-
statt schon morgens um zehn eine ge-
öffnete Flasche Bier stehen hat und uns
freundlich ein schönes, kühles Apartment
zeigt. Aber ich muss zugeben, dass ich,
wenn ich nach sechs Stunden Trail in
deutlich über 30 Grad irgendwo ankam,
auch ein gutes israelisches oder palästi-
nensisches Bier getrunken habe. Ich weiß
von den Marathonläufern, dass sie sich
im Training auf halber Strecke auch ein

(meist alkoholfreies) Bier gönnen. Hier in Arbel gibt es, wie fast überall in Israel, kostenloses Wireless LAN aber auch einen kleinen Tante-Emma-Laden, der von zwei älteren Damen ohne Englischkenntnisse betrieben wird und nur einige Stunden am Tag geöffnet hat.

Es stellte sich heraus, dass der coole Chef der Ferienhäuser ein emeritierter Archäologe ist. Seine Frau setzte sich sofort zu uns und fragte sehr direkt „Wer seid Ihr denn?" Sie ist eine pensionierte Schuldirektorin, die jetzt hier vor allem ökologische Garten- und Landwirtschaft betreibt, was in der Hitze auch ein großes Treibhaus bedeutet. Sie höre den Tag über informative Hörsendungen, im Moment anlässlich des 50-jährigen Jubiläums des Sechstagekrieges, erzählt sie. Sie ist sehr an Politik interessiert und erzählt uns von der Einstellung der Menschen zu „Bibi". Das ist der Kosename von Regierungschef Benjamin Netanjahu.

Irgendwann kam auch Carlos an. Schnell waren wir wieder im Gespräch über Religion. Carlos argumentierte, dass der Islam in seinen Schriften schon auch das gewalttätige Material enthält, das die Islamisten für sich nutzen. Dies sei im neuen Testament nicht so der Fall. Auch das Alte Testament enthalte keine Aufforderung des Gottes, alle, die nicht des rechten Glaubens sind, zu vernichten. Vernichtungserlaubnisse seien immer nur auf einzelne konkrete Kriegsgegner und Überlebensinteressen des jüdischen Volkes bezogen. Ansonsten dürfe der Andere so glauben, wie er will. Ich kann das als nicht so bibelfester Mensch nicht überprüfen. Er bezieht sich sehr stark auf das Geschriebene, wie er es auch bei der Bibel tut.

Erfahrene Erlebnisse

Psychologisch findet da eine Verknüpfung zwischen dem Erlebten und dem Geglaubten statt. Carlos berichtet, dass er die Gruppe der Südafrikaner mit ihren schweren Rucksäcken wieder getroffen und sie ein wenig unterstützt habe. Er hat abwechselnd die Rucksäcke getragen und ihnen geholfen, einen Bus ausfindig zu machen. Dann ist er wieder zurück gelaufen und hat den gesamten vorgegebenen Weg gemacht, ohne Abkürzung.

Was beim Jakobsweg wegen der milderen Witterung möglich ist, mit Gepäck zu gehen, würde ich hier nur jungen, richtig durchtrainierten Leuten empfehlen. Alleine die drei Liter Wasser, die empfohlen werden, wiegen schon drei Kilo. Wenn dazu noch zwölf Kilo Gepäck kommen, sind es schon fünfzehn. Die würde ich bei den beiden Abstiegen, von den Horns of Hattim oder vom Mount Arbel, nicht empfehlen.

Da ich sehr früh in Arbel ankam, beschloss ich mit dem Bus nach Tiberias zu fahren und von da noch nach Tabgha und Kapernaum zu fahren. Leider war Bootfahren auf dem See nicht möglich. Also dann zu den religiösen Stätten. In

Tabgha traf ich die Busse mit Chinesen und Japanern, die kurz aus dem klimatisierten Bus aussteigen, sich mit Hüten Schirmen, Handschuhen vor der Sonne schützen, dann mit ihrem Religionsgründer in Kontakt kommen, um schnell wieder im Bus zu verschwinden.

Jerusalem als Ziel

Am nächsten und letzten Tag hätte eine Wanderung von Arbel nach Tabgha und nach Kapernaum auf dem Plan gestanden. Aus verschiedenen Gründen habe ich dies gestrichen. Am See war es noch viel heißer als an den ersten Tagen, der Abstieg vom Berg schien sehr ambitioniert und außerdem war Freitag und der letzte Bus vor dem Shabbat fuhr um drei am Nachmittag. Deshalb also nach Jerusalem, der buntesten Stadt mit den größten Gegensätzen in Israel.

Nach zwei Stunden Busfahrt Ankunft in Jerusalem. Jetzt muss erst die Fahrt zum Flughafen geklärt werden. Doch das Büro der Nesher-Taxis, Kleinbusse, die auch an Shabbat fahren, hat geschlossen. Eine freundliche junge Frau mit einem Kinderwagen lädt uns ein, mit zu ihrem Büro zu kommen, wo sie für uns telefonieren wird. Sie macht alles klar: Um acht abends fährt ab der Ben Yehuda Street ein Nesher-Gemeinschaftstaxi zum Flughafen Ben Gurion. Fast zehn Stunden Zeit für Jerusalem.

Am Vormittag bin ich wieder im Markt Mahane Yehuda mit seinem pulsierenden

Leben. Viele Orthodoxe aus dem benachbarten Stadtteil Mea Shearim gehen hier einkaufen. Kurz bevor der Markt schließt, stellen die Besitzer der Stände auch schon mal die restliche Ware in Rollcontainern in die Mitte der Straße. So können sich die armen Familien dort bedienen. Die Orthodoxen haben in der Regel zahlreiche Kinder und gehen keiner Arbeit, außer dem Studium der Thora, nach. Die Frauen hingegen gehen arbeiten. Daher kümmern sich die Männer auch um die Kinder und um den Einkauf. Bei meinem Lieblingsstand gibt es wie immer hervorragende, frische Nudelgerichte. Und wie immer eine lange Schlange.

In die Altstadt von Jerusalem komme ich an diesem Freitagnachmittag nicht herein. Ein Soldat verwehrt mir den Zugang, angeblich wegen Exitement. Vermutlich meint er den Andrang zum Freitagsgebet in der Al-Aqsa-Moschee. Vielleicht weil ich wohl noch wie ein Mann im kampffähigen Alter (zwischen 16 und 55) aussehe? Eine Interpretation, die mein Ego durchaus als Kompliment ansieht. Aber ansonsten war es ruhig. Während der Wanderung durch Galiläa gab es kaum Soldaten mit Waffe zu sehen, ob-

wohl ich ein großes Militärgelände weit-
räumig umlaufen musste. In Jerusalem
ist dies natürlich ganz anders. Gerade am
Freitag sind viele junge Soldaten mit ihrer schmutzigen Wäsche und ihrer
Dienstwaffe, einem Schnellfeuergewehr,
zur Mama unterwegs. Die Waffen sind
zwar in der Regel nicht geladen, es ist
dennoch ein unheimlicher und unge-
wohnter Anblick.

Für Jesus war Jerusalem letztlich kein
gutes Pflaster. Insofern bin ich froh, dass
ich den Jesustrail in Jerusalem beenden
konnte. Denn in Jerusalem kulminiert das
Erfahren des menschlichen Lebens mit all
seiner Komplexität, Energie und gleich-
zeitig immer wieder erfahrenen Endlich-
keit am meisten. Was wäre, hätte Jesus
auf die entscheidende Frage von Pilatus
„Bist Du der König der Juden?" anders
geantwortet als „Du sagst es"? Dann hätte er in den Augen des Römers nicht klar
die Rolle des Aufrührers, eines Hochver-
räters erfüllt. Dann wäre es für ihn vielleicht auch anders ausgegangen. Aber
hätte er dann diesen Stimulus auf die Religionen und die gesamte Menschheitsge-
schichte gehabt?

Insgesamt: Um ein inneres Bild von Israel zu bekommen, ist die Kombination nicht schlecht. Ankommen in Tel Aviv, der modernen Metropole, offen für Andersartige, Zentrum der Erfinder und Künstler, dann vier Tage Jesustrail mit Ruhe und Abgeschiedenheit sowie Besinnung und dann noch einen Tag Jerusalem, am besten an einem Freitag, an dem man das pulsierende Leben der Stadt, die Aufregung der Juden vor dem Shabbat, Einkaufen als gäbe es nie mehr was zu essen, und die der Muslime vor dem Freitagsgebet, spüren kann. Und dann kurz vor dem Sonnenuntergang kehrt die absolute Ruhe ein. In den jüdischen Stadtteilen wirkt Jerusalem jetzt wie eine langweilige deutsche Mittelstadt am Sonntagnachmittag. Wenige Orthodoxe eilen durch die Straßen, Eltern auf dem Spielplatz mit ihren Kindern, Touristen gehen spazieren. Eine kühle Brise weht durch die Gassen und lässt die flirrende Hitze der vergangenen Tage vergessen. So kann man es machen.

Zeitfracht Medien GmbH
Ferdinand-Jühlke-Straße 7
99095 Erfurt, Deutschland
produktsicherheit@kolibri360.de